Sylt

ANGELA WÖHRMANN-REPENNING

Sylt

Die Vielfalt einer Insel entdecken

BOYENS

ISBN 978-3-8042-1528-3

Herstellung: Boyens Buchverlag
Layout und Gestaltung: Dörte Kromrei
Druck: BELTZ Bad Langensalza GmbH, Bad Langensalza
Printed in Germany

www.boyens-buchverlag.de

Vorwort 6

Seeseite 10

Wattseite 14

Salzwiesen 18

Tiere im Watt 24

Blidselbucht 28

Wattweg von Keitum nach Munkmarsch 34

Braderuper Wattweg 42

Deiche 48

Sylter Dünen 52

Klappholttal 62

Sylter Heide 66

Sylter Häfen 72

Das dörfliche Sylt 78

Friesenwälle 84

Weidetiere 92

Alte Kirchen 96

Der Keitumer Friedhof 104

Sylt im Winter 108

Frühling auf der Insel 114

Der Ellenbogen 120

Das Nösse Kliff 128

Kampen 136

Kampener Vogelkoje 144

Das Wäldchen 148

Der Wenningstedter Dorfteich 150

Tierpark Tinnum 156

Vorwort

Das Klischee geht so: Sylt, „die Insel der Reichen und Schönen“, das ist Sonne, Sand und Meer. So etwas wissen auch jene, die noch nie dort weilten. Tatsächlich aber ist das nur ein Teilaspekt dessen, was diese Insel zu bieten hat. Da gibt noch ihre anderen Seiten, die weniger bekannt sind. Sylt ist ungewöhnlich vielseitig, und es lohnt sich, das alles zu entdecken. Dieses Buch will dabei helfen.

Für nicht wenige Sommerurlauber existiert Sylt tatsächlich überwiegend in den eben genannten Klischees. Für sie wird der Strandkorb tagsüber zum zweiten Ferienquartier. Ist der Himmel mal bedeckt – ist also kein „Strandwetter“, dann reiht man sich in eine Autoschlange ein und fährt eben mal wahlweise nach List zum beliebten Fischpapst Gosch am Hafen, oder man bummelt durch die Geschäfte Westerlands und genießt dort in einem der Cafés seinen Cappuccino, um von dieser Plattform aus genüsslich „Menschen zu gucken“. Das alles ist schön und gut, darf auch durchaus hin und wieder so sein, kann aber auf Dauer auch etwas langweilig werden. Selbstverständlich – das muss noch erwähnt werden – steht insbesondere bei Sylt-Neulingen gerne der Besuch der sicherlich mit Recht berühmten Sansibar

Kampener Leuchtturm.

Buhnenreste mit Miesmuschelbewuchs.

südlich von Rantum mit auf dem Programm. Von diesem „Promi"-Restaurant hat fast jeder Deutsche schon mal etwas gehört. Aber auf Sylt gibt es wahrlich nicht nur den Strand zwischen Kampen und Westerland und die paar eben genannten Hotspots. Die Insel hat mit ihrer bekannten, eigenartig dreizipfeligen Form wirklich sehr viel Unterschiedliches zu bieten, und dem sollte man sich öffnen, sonst versäumt man eine Menge möglicher Urlaubserlebnisse.

Mein Mann und ich, die wir seit vielen Jahren leidenschaftliche Syltliebhaber sind und mehrmals im Jahr dort verweilen, kennen inzwischen fast jeden Winkel der Insel. Schon als Kind fuhr mein Mann mit seinen Eltern jeden Sommer für vier Wochen dorthin zur Sommerfrische. Jung verheiratet, wurde ich in den Kreis der damaligen Pensionsgäste in Wenningstedt mit aufgenommen und bin dadurch auch sehr schnell dem Charme dieser schönen Insel erlegen.

Inzwischen habe ich vor einiger Zeit für Freunde und Bekannte einen kleinen, stichwortartigen „Syltführer" der besonderen Art entwickelt. Weg vom Weststrand, für den man keine Führer braucht, soll man mit dessen Hilfe die Vielfalt des Eilands kennenlernen. Die Resonanz auf diesen Ratgeber war und ist unisono immer wieder äußerst positiv. Das alles, so die einhellige Meinung, hätte man sonst vermutlich nicht entdeckt.

Da ich als großer Sylt-Fan fast immer meine Kamera dabei habe, um neue Eindrücke festzuhalten, darf ich in diesem Buch eine auserwählte Anzahl der Aufnahmen präsentieren. Sie sollen die Leser anregen, die gängigen Pfade dieser Insel zu verlassen, um so deren phantastische Vielfalt und landschaftliche Schönheit zu erfahren. Der Urlaub – das sei versichert – wird dadurch bestimmt sehr viel abwechselungsreicher. Die Insel hat es wirklich verdient, dass man sie in Gänze erobert. Wer aber Sylt schon sehr gut kennt, der darf einfach bei dem Betrachten der Bilder in Erinnerungen schwelgen und sich dabei auf den nächsten Urlaub freuen.

Seeseite

Keine andere nordfriesische Insel hat zwei so deutlich unterschiedliche Küstenbereiche wie Sylt. Bedingt durch ihre besondere Topographie befindet sich die gesamte westliche Front im Brandungsbereich der Nordsee. Hier zeigen sich die Gezeiten Ebbe und Flut nur wenig ausgeprägt und daher kann dort – sofern die Bademeister wetterbedingt nicht anderer Meinung sind – zeitunabhängig gebadet werden. Entlang der Westküste gibt es zudem einen relativ breiten, feinsandigen Strand. Also was will man mehr! Man macht – wie erträumt – Urlaub am offenen Meer. Ist das Wetter halbwegs freundlich, liegt der Inselgast dort den ganzen Tag im Strandkorb, genießt das Leben und lässt sich von der Sonne braun brutzeln. Abends sitzen die Urlauber gerne in einem der küstennahen Lokale und warten mit gezückter Kamera auf den Sonnenuntergang.

Flut – auflaufendes Wasser.

Einsamer Strandabschnitt
zwischen Kampen und Listland.

Wattseite

Die östliche, die Wattseite der Insel ist weitaus geringer im Fokus der meisten Urlauber. Daher begegnet man dort besonders bei schönem Wetter vergleichsweise wenigen gleichgesinnten Wanderern oder Radfahrern. Nicht zuletzt deswegen begrüßen sich hier viele bei einer Begegnung nicht selten fröhlich mit einem typisch norddeutschen „Moin", obwohl man sich nicht kennt. Weil es hier im Osten attraktive Fotomotive mit herrlichen Wolkenformationen in Hülle und Fülle gibt, können eifrige Fotografen den abendlichen Sonnenuntergang über der Nordsee sicherlich sehr gut verschmerzen. Frühaufsteher gar dürfen den Sonnenaufgang über dem Watt genießen.

Blick vom Inselosten nach List.

So schön und abwechselungsreich ist das Watt.

Salzwiesen

Angrenzend an das Wattenmeer befindet sich im Uferbereich eine außergewöhnliche Vegetation, die sinngemäß Salzwiese genannt wird. Pflanzen, die hier gedeihen, müssen in der Lage sein, mit dem Überangebot an Kochsalz, dem Natriumchlorid, zurechtzukommen. Der Botaniker nennt diese Pflanzengruppe Halophyten (altgriechisch: αλζ hals, „Salz“ und φυτον phytón, „Pflanze“). Eine normale Wiesenpflanze würde hier nie und nimmer gedeihen können. Die Salzwiesenpflanzen aber haben verschiedenartige Mechanismen entwickelt, mit denen sie das Salz aus ihrem Stoffwechsel heraushalten können. Der bekannteste Halophyt ist sicherlich der Queller, den Köche auf der Insel schon mal gerne wegen seiner feinen salzigen Note unter den Salat mischen. Er hat im Rahmen seiner äußerlich deutlich erkennbaren Sukkulenz – die wir sonst von Wüstenpflanzen wie z.B. Kakteen kennen – eine perfekte, hochspezielle Technik der Salzausgrenzung entwickelt, die es ihm gestattet, ständig an vorderster Front mit der Basis im Meerwasser zu stehen. Die weiter oberhalb der Quellerzone befindlichen Pflanzen bewältigen eine hier etwas geringere Salzlast mit Hilfe anderer Verfahren. So hat zum Beispiel der bekannte Strandflieder, welcher so gerne in Trockensträußen Verwendung

Europäischer Queller *(Salicornia europaea).*

findet, für diesen Zweck besondere Salzdrüsen ausgebildet, mit deren Hilfe er sich von dem unliebsamen Natriumchlorid befreit. Eine andere recht auffällige Blühpflanze der oberen Salzwiesenregion ist die prächtig im Spätsommer in großen Flächen blühende Strandaster. Sie speichert überschüssiges Salz in ihren Blättern, die sie später im Jahr ganz einfach abwirft. Hier gedeiht auch der aparte silbrig grüne Strandbeifuß. Je weiter man sich von der Wassergrenze entfernt, umso vielgestaltiger und bunter werden die Wattwiesen. Diese dort angesiedelten Pflanzen vertragen eine gelegentliche, kurzfristige Überschwemmungphase, ohne dadurch Schaden zu nehmen.

Blühende Wattwiese
bei Braderup.

Bunte Wattwiese.

Strandflieder.

Blick vom Keitumer Watt zum Munkmarscher Yachthafen. Im Wasser wächst das englische Schlickgras *(Spartina anglica)*.

Tiere im Watt

Auch Tiere, die in dem wechselnden Milieu eines Wattbodens existieren, müssen einfallsreich mit diesem besonderen Lebensraum umgehen. Allen voran siedelt im Boden Arenicola marina, der Wattwurm. Als Substratfresser lebt er dort im Boden, versenkt in U-förmigen Röhren. Bei Ebbe darf man seine von ihm rhythmisch ausgeschiedenen Kotformationen bestaunen. Während einer kurzen geduldigen Wartezeit kann man selbst die Aktivitäten seiner regelmäßigen Ausscheidungsprozesse beobachten.

Es empfiehlt sich, einmal an einer geführten Wattwanderung teilzunehmen. Auskunft darüber bekommt man in den Touristen-Informationszentren. Kompetente Führer der Schutzstation Wattenmeer pflegen einen solchen Ausflug engagiert und kundig zu begleiten.

Querschnitt durch den Wattboden mit der U-förmigen Wohnröhre eines Wattwurms.

Der Wattboden mit den charakteristischen Ausscheidungen des Wattwurms.

Blidselbucht

An etlichen Stellen der Sylter Ostseite kann man wunderbar am Watt entlang laufen. Gut dafür geeignet ist die hübsche Blidselbucht. Sie befindet sich nördlich von Kampen gegenüber der Eingänge zum Jugendseeheim des Landkreises Kassel. Von dort kann man sehr schön an der Wasserkante entlang nordwärts wandern. Auf der rechten Seite wird man dabei bald ein paar merkwürdige dunkle Gebilde mitten im Wattenmeer sehen. Es handelt sich um Reste eines Markierungsobjektes, das in der Vergangenheit der Insel von der früher auf Sylt ansässigen Marine zum Üben gezielter Bombenabwürfe benutzt wurde. „Seekühe" werden diese Relikte heute liebevoll von der Bevölkerung genannt. In deren unmittelbarer Nähe befinden sich im Watt zahlreiche künstlich angelegte Austernbänke, die bei Ebbe frei liegen und dann gut zu erkennen sind. Hier wird die in Feinschmeckerkreisen begehrte Delikatesse, die „Sylter Royal Auster", gezüchtet. In grobmaschigen Säcken lässt man sie dort heranwachsen. Dieses Projekt wird inzwischen von Naturschützern etwas kritisch gesehen, handelt es sich doch bei diesen Muscheln nicht um die einheimische Europäische Auster, die leider seit geraumer Zeit in dem Bereich der deutschen Nordsee ausgestorben ist, sondern um die sehr viel größere Pazifische Felsenauster. Auf Grund des

Verdriftens ihrer winzigen, aus den Zuchtsäcken ausgebüxsten Larven haben sich inzwischen an vielen Stelle im Wattenmeer unkontrolliert Pazifische Austern angesiedelt. Bevorzugt setzen die Larven sich dabei leider gerne an Miesmuschelbänken fest, um sie so später mit ihren großen Schalen zu überwachsen.

Die Blidselbucht wird malerisch von Dünen begrenzt. Auch hier hat sich an vielen Stellen die Kamtschatkarose etabliert. Aus ihren sehr dicken, fleischigen Hagebutten kann man eine wunderbare Marmelade kochen. Um sich dabei das mühsame Entkernen der Früchte zu ersparen, kocht man diese einfach vorher in wenig Wasser weich und trennt anschließend das Fruchtfleisch von den Kernen mit Hilfe einer „Flotten Lotte".

Die „Seekühe“.

Blick zum Lister Hafen.

Blick nach Kampen.

Der Wattbereich in der Blidselbucht hat keinen Schlick-, sondern einen gut begehbaren Sandboden. Deshalb finden hier besonders häufig bei Ebbe Wattführungen statt.

Wattweg von Keitum nach Munkmarsch

Ein anderer wunderschöner und abwechselungsreicher Wattwanderweg verläuft parallel zum Wasser zwischen Keitum und Munkmarsch. In Keitum kann man diesen Weg von mehreren Stellen aus erreichen. Parallel dazu verläuft gut abgegrenzt ein speziell für Reiter eingerichteter Pfad, der natürlich auch in dieser Hinsicht gerne benutzt wird. Als Fußgänger passiert man unterschiedlichste Areale, von denen aus man immer wieder einen traumhaften Blick auf den Munkmarscher Hafen hat. Dabei laden etliche Bänke zum Verweilen ein, Miniwäldchen werden durchschritten, und eine malerische Brücke überquert einen Wasserarm des Wattenmeers. Zahlreiche Vogelansammlungen lassen sich dabei im Watt beobachten. Es lohnt sich, ein kleines Fernglas dabei zu haben. In Munkmarsch darf dann eine Kaffeepause eingelegt werden, bevor es zurück geht.

Blick auf Munkmarsch mit seinem kleinen Yachthafen.

Hier gilt: Alles Glück der Erde
liegt auf dem Rücken der Pferde.

Am Weg wachsen hier, wie vielerorts auf Sylt wilde Apfelbäume.

Die hölzerne Bogenbrücke überspannt malerisch einen Wasserlauf . Dahinter leuchtet weiß ein exklusives Hotel, das Munkmarscher „Fährhaus“.

Blick von „Nielsens Kaffeegarten" auf das morgendliche Keitumer Watt.

Braderuper Wattweg

Last but not least soll noch der interessante Braderuper Wattweg erwähnt werden. Am besten erreicht man ihn am südöstlichen Ende von Braderup. Dort befindet sich ein kleiner Parkplatz. Von da sind es nur ein paar Schritte runter zu dem Wattweg. Ziemlich bald passiert man dabei das Weiße Kliff, wo sehr heller Kaolinsand eine interessante Steilküste bildet. Im Uferbereich des Wattenmeers lassen sich – heute allerdings inzwischen arg gebeutelt und zerfallen – die inzwischen etwas kümmerlichen Reste eines Schiffswracks entdecken. In Kürze – so sieht es aus – wird das Meer dort wohl auch die letzten Schiffsplanken holen. Eigentlich war die „Marianne" – wie dieses Schiff ursprünglich hieß – als ein Restaurantschiff im Munkmarscher Hafen geplant. Diese Idee durfte allerdings nicht umgesetzt werden. Also schleppte man die unliebsame Dame an die heutige Stelle ins Braderuper Watt, wo es eine Weile tatsächlich für Schiffspartys genutzt wurde. Dann gab es ein Feuer – aus war der Traum – und seitdem nagt das Meer unermüdlich an den verbrannten Resten.

Um die Vegetation zu schützen, sollten Dünen nur auf den hölzernen Stegen betreten werden!

Zunehmend verschwindet das Segelschiff „Marianne“ im Braderuper Watt.

Schier endlose Weite am Braderuper Watt.

Das Weiße Kliff bei Braderup.

Deiche

Es gibt zahlreiche Stellen auf Sylt, wo das Land bei Sturm oder gar Orkan vor den dabei immer drohenden Wassereinbrüchen geschützt werden muss. Diese Abschnitte sind vorsorglich eingedeicht worden. Dazu gehören viele Bereiche im östlichen Teil der Insel und des Listlandes. Auf den Kronen dieser Deiche aber lässt sich wunderbar laufen, und oft ist dort auch das Radeln erlaubt. Von diesem erhöhten Standpunkt aus kann man die Weite der Landschaft, das Wasser sowie die Wolkenbilder genießen und dabei die Seele im wahrsten Sinne des Wortes baumeln lassen. In der Regel trifft man hier auf zahlreiche grasende Schafe. Sie sind ganz wichtige Deichpfleger, und dafür dürfen sie sich satt futtern. Der Pflanzenbewuchs wird dadurch von ihnen kurz gehalten, und mit ihren Huftritten festigen sie unermüdlich und gleichzeitig schonend die Grasnarbe. Es dürfte sich eigentlich von selbst verstehen, dass hier Hunde unbedingt an der Leine geführt werden müssen. Leider gibt es immer mal wieder Tierhalter, die dieser Verpflichtung nicht nachkommen. Nicht wenige Schafe und vor allem auch Lämmer sind dadurch schon zu Schaden gekommen.

Zwei besonders schöne Deichwege sollen hier vorgestellt werden. Der eine befindet sich im Osten der Insel und verläuft dort entlang der gesamten Südseite. Von Keitum aus kann man hier bis nach Morsum laufen. Auf dieser recht

Wachparade auf der Deichkrone.

beachtlichen Strecke kommt schnell ein wohliges Gefühl der Endlosigkeit auf. Man wird eins mit der Natur. Ist Morsum endlich erreicht, steuert man am besten das rechts von der Hauptstraße gelegene, alteingesessene Café Ingwersen an. Hier warten nicht nur leckere Kuchen und etliche deftige Kleinigkeiten auf die hungrigen Gäste. Bei gutem Wetter darf man außerdem in Rosen umrankten Lauben und in kuscheligen Ecken den Anblick des wunderschön angelegten Kaffeegartens genießen.

Einen weiteren besonders empfehlenswerten Deich gibt es in List. Er heißt Mövenbergdeich und verläuft gegenüber vom Ellenbogen und umrundet dort den unteren, südlichen Teil des Königshafens. Vom Lister Hafengelände aus erreicht man ihn, wenn man sich rechts vom Parkplatz an die Wasserkante begibt. Dort folgt ein kleiner Strandspaziergang, bevor man in dessen Verlängerung den Deich erreicht. Auf zahlreichen Sandbänken im Watt des Königshafens tummeln sich ebenso wie auf der gegenüber liegenden Landseite unzählige Vögel. Auch hier gibt es natürlich zahlreiche Schafe, die ihren Deichpflegeverpflichtungen nachgehen. Man hüte sich allerdings, bei Ebbe mal schnell das Watt des Königshafens zu betreten in der Absicht, den gegenüberliegenden Ellenbogen zu erreichen. Der Weg ist länger, als man vermutet, und die Flut kommt schneller, als man denkt!

Die hier im Hintergrund weidenden Galloways werden mit Hilfe dieses hübschen Windrades, welches eine Pumpe antreibt, mit frischem Trinkwasser versorgt.

Weidende Schafe am Fuß des Lister Mövenbergdeichs.

Morsumdeich. Zahlreiche schräg montierte Türen schließen sich selbständig. Dadurch wird ein Entweichen der Schafe verhindert.

Sylter Dünen

Südlich von Westerland und nördlich von Kampen befinden sich jeweils beidseitig des zentralen westlichen Geestkerns der Insel zwei breite, langgestreckte Dünenstreifen, welche einen wesentlichen Teil der Westküste bilden. Nehrungen werden die beiden im Süden bis Hörnum und im Norden bis List reichenden Landzungen von Geologen genannt. Diese äußerst sensiblen Inselteile verdanken ihre Entstehung den Meeresströmungen. Unermüdlich wurden hier in der Vergangenheit Sedimente abgelagert, und die haben dadurch der Insel die heutige charakteristische Form gegeben. Ursprünglich waren die Dünen, diese reinen Sandberge, vom Wind getrieben in ständiger Bewegung und Umgestaltung. Es waren alles Wanderdünen. Einen Rest dieser unbewachsenen Wanderdünen gibt es noch kurz vor List westlich neben der Landstraße. Bewusst erlaubt man hier einem begrenzten Dünenstreifen, sich – allerdings gut bewacht – auszutoben. Jahr für Jahr wandert er Meter für Meter dank der regelmäßigen Westwinde in Richtung Osten. In absehbarer Zeit muss dem Bewegungstrieb dieser Wanderdüne allerdings durch eine gezielte Bepflanzung Einhalt geboten werden, weil sonst die Hauptstraße, welche Kampen mit List verbindet, versanden würde. Ein schönes Fotomotiv ist diese Wanderdüne allemal. Man kann sich gut vorstellen, dass es in vergangener Zeit, als Sylt noch keinen Tourismus kannte, nicht selten passiert ist, dass sich Menschen in den monotonen Sandbergen ohne Wegweiser rettungslos verlaufen haben.

Der oben angesprochene, zentral gelegene westliche Geestkern der Insel Sylt bildet vor Wenningstedt und vor Kampen eine prägnante Steilküste. Deren Anteil vor Kampen nennt man wegen ihrer intensiven Färbung auch Rotes Kliff. In der Vergangenheit wurden die Steilküsten bei Sturm immer von teilweise dramatischen Abbrüchen gebeutelt. . Besonders in Wenningstedt waren davon Häuser betroffen. Das Hotel Kronprinz hing nach einem Orkan zur Hälfte im Freien und musste abgerissen werden. Erst seit man regelmäßige Sandvorspülungen an der Westküste durchführt, ist dieser bedrohliche Prozess gestoppt worden.

In früheren Zeiten war die Inselbevölkerung in den Bereichen der Nehrungen im ständigen Kampf mit dem Flugsand. So wurden in westküstennahe Ortschaften immer wieder zahlreiche Gebäude zugesandet. Aus alten Chroniken kann man erfahren, dass die Rantumer Bürger zeitweise an Sonntagen über ein Fenster in ihre Kirche zum Gottesdienst klettern mussten, weil die Kirchentür durch angewehte Sandmassen unbewegbar geworden war. Letztendlich verschwand die gesamte Kirche wenig später dann sogar vollständig unter einer Wanderdüne. Die Bewohner Rantums mussten sich notgedrungen eine neue Kirche weiter ostwärts bauen.

Auch drohte bei Sturm an den schmalsten Stellen der beiden Nehrungen immer mal wieder ein Wasserdurchbruch der Nordsee. Eine solche Katastrophe hätte die Insel Sylt in zwei oder – ganz schlimm – gar drei Teile gebrochen.

Schon im 16. Jahrhundert begann man allerdings, zum Fixieren des Sandes streckenweise Dünen zu bepflanzen. Mitte des 19. Jahrhunderts wurde dann sogar veranlasst, das Bepflanzen der Dünen großflächig und umfänglich zu betreiben. Geeignet für diese Maßnahme waren und sind der Strandhafer (Ammophila arenaria) bzw. der Strandroggen (Elymus arenarius). Diese beiden Gräser sind zum einen hochflexibel und nehmen auch eine Versandung nicht weiter übel. Fröhlich wachsen sie, allen Unbillen trotzend, weiter nach oben. Ihre tief reichenden Wurzeln fixieren zudem den Untergrund. Haben sich diese Gräser nach der Pflanzung erst einmal etabliert, kann sich zwischen ihnen klammheimlich durch Aussaat eine sekundäre Vegetation bilden. In einer Endstufe pflegen derartige Bereiche auch gerne, zunehmend zu verbuschen.

Dennoch sind auch heute bewachsene Dünenbereiche immer noch gefährdete Regionen. Das kleinste Sandloch nutzt der Wind, um die seitliche Vegetation anzugreifen, und im Nu entwickeln sich daraus bald große unbewachsene sandige Areale. Solche Abschnitte müssen immer wieder rasch mit Strandhafer neu bepflanzt werden, um eine völlige Beschädigung der Düne zu vermeiden. Deshalb ist es inzwischen auf Sylt auch streng verboten, Dünen zu betreten. Dort, wo Strandübergänge existieren, hat man deshalb für die Badegäste Holzplankenstege angelegt.

Mobile Bienenkästen
zur Heideblüte in den
Dünen Listlands.

Schafe weiden am Fuß
der Listland Dünen.

Ein Distelfalter labt sich an Strandnelken *(Armeria maritima)*.

Sandfangzäune aus Reisig am Fuß der Dünen dienen dem Küstenschutz.

Hinter den Dünen sieht man die Spitze von „List Ost“, einem der beiden Leuchttürme des Sylter Ellenbogens.

Ein Schild warnt vor dem unbefugtem Betreten frisch bepflanzter Deichbereiche.

Die Lister Wanderdünenkette.

Fast malerisch geschwungen lenkt ein Holzsteg Touristenströme durch die Dünenlandschaft an der Westküste.

Klappholttal

Nördlich von Kampen befindet sich eine ganz besondere Dünenlandschaft, das sogenannte Klappholttal, welches ins Hochdeutsche übersetzt Klappholztal bedeutet. Mit diesem Namen wird Bezug genommen auf die dortige besondere Vegetation. Es gibt nämlich inmitten der mit Heide bewachsenen Dünen einen reichlichen Bewuchs mit Bergkiefern. Teilweise ist dieser so üppig, dass wahre Dickichte entstanden sind. Diese Kiefern aber hatten stets mit den starken Westwinden zu kämpfen und entwickelten dadurch einen besonderen, ja teilweise skurrilen Wuchs. Alle diese Kiefern wurden Ende des 19. und Anfang des 20. Jahrhunderts von den Syltern gepflanzt. Die empfindlichen Dünen sollten durch diesen Bewuchs noch besser stabilisiert werden, eine einmalige Aktion, die dann aber doch nicht weiter ausgedehnt wurde. Immerhin ist dadurch eine geradezu malerische Dünenlandschaft entstanden, in deren Zentrum sich das Jugendseeheim des Landkreises Kassel befindet. Es lohnt sich unbedingt einmal, durch dieses schöne und originelle Gelände zu streifen.

Kiefern und Heide prägen die Landschaft im Klappholttal.

Bergkiefern und die herrlich violettrot blühende Besenheide *(Calluna vulgaris)* harmonieren wunderbar miteinander.

Gelber Englischer Ginster *(Genista anglica)* und der Weißdorn *(Crataegus spec.)* blühen hier um die Wette.

Der ständige Westwind erzeugt bei Kiefern oft einen bizarren Wuchs.

Auf Sylt blüht dieser immergrüne Ginster sogar im Winter.

Sylter Heide

Man mag es kaum glauben, aber 50 Prozent der Heidelandschaften Schleswig Holsteins befinden sich auf der Insel Sylt. Zur Hochblüte der Besenheide Mitte bis Ende August kann die Insel an vielen Stellen erfolgreich mit der Lüneburger Heide konkurrieren. Auf dem kargen sandigen Boden parallel zur gesamten Westküste fanden diese Kleinsträucher ideale Wachstumsbedingungen und haben sich dort großflächig ausgedehnt, und zwar bis hinein in die durch Strandhafer bzw. -roggen verfestigten Dünen.

Traumhaft sieht es aus, wenn die Heide sich in ihrer Vollblüte zeigt. Nördlich von Westerland hat sich vor allem die bereits erwähnte, besonders dekorative Besenheide (Calluna vulgaris) in den Dünen ausgebreitet. Daneben befindet sich zur Wattseite hin, zwischen Braderup und Kampen, ein sehr schönes, großes, urwüchsiges Naturschutzgebiet, welches als Braderuper Heide bekannt ist. Dieses Areal steht wie auch alle anderen Heideflächen der Insel unter strengem Naturschutz. Man darf es also nur zu Fuß erwandern und muss seinen vierbeinigen Freund an der Leine führen. Aber es lohnt sich, dies parallel zum Wattenmeer verlaufende Gebiet zu erobern. Am besten startet man die Wanderung von einem kleinen Parkplatz, der sich rechts an der Straße etwas südlich von Braderup befindet. Erreicht man nach etwa einer halben Stunde Kampen, kann man über einen Holzplankenpfad das berühmte Kampener Café Kupferkanne erreichen, um sich dort zu stärken für den Rückweg durch die wunderschöne Heide.

Möchte man hingegen auf seinen Drahtesel nicht verzichten, dann wende man sich der westlichen Seite zu. Beginnend in Kampen kann man hier durch die violettroten Dünen Richtung List radeln – bitteschön langsam –, um das spätsommerliche Blütenwunder zu genießen, blüht hier doch auch die Arnika..

Südlich von Westerland sehen die beidseitig parallel zur Autostraße verlaufenden Dünenketten farblich etwas weniger spektakulär aus. Hier hat nämlich vornehmlich eine andere Heidepflanze, die Krähenbeere (Empetrum nigrum), das Terrain erobert. Man hüte sich aber, von ihren blauschwarzen Beeren, welche Heidelbeeren sehr ähnlich sehen, zu naschen. Sie sind absolut nicht bekömmlich. Eingestreut zwischen den Krähenbeeren, findet man Erica tetralix, die schon im Juli rosa blühende Glockenheide. Von Westerland über Rantum bis nach Hörnum führt ein guter Radweg vorbei an Dünen und den Salzwiesen der Wattseite.

Leider werden an zahlreichen Stellen die Heideflächen von der invasiven Kamtschatka Rose bedrängt und letztendlich – wenn dem kein Einhalt geboten wird – auch überwachsen. Syltrose wird diese stachlige Schönheit im Volksmund gerne genannt, obwohl sie ursprünglich aus dem fernen Osten von der sibirischen Halbinsel Kamtschatka stammt. Eine Pflanze aber, welche die dort herrschenden rauen Bedingungen klaglos übersteht, der muss das Leben auf einer nordfriesischen Insel wahrlich paradiesisch vorkommen. Das erklärt auch, warum sich dieser Rosenstrauch auf Sylt sehr zum Unmut der Naturschützer so freudig über Samen und Ausläufer ausbreitet. Darum müssen Heideflächen, um sie zu erhalten, gepflegt werden. Es ist nicht nur die Kamtschatka Rose ein Übeltäter, es sind auch Brombeeren, Kiefern, Traubenkirschen und andere Kandidaten, die Heideflächen gerne überwuchern.

Außerdem vergreist die Besenheide im Laufe der Zeit. Sie wächst in die Höhe und verkahlt von unten. Hier muss der Mensch also gegensteuern. So können Heideflächen gelenkt abgebrannt werden, oder aber man plaggt die oberste Bodenschicht samt Bewuchs ab. Heidesamen, die sich danach noch im Erdreich befinden, sorgen dann für einen neuen Bewuchs, der allerdings eine Weile braucht, bis er wieder eine schöne Pflanzendecke bildet. Daher ist immer noch die beste Methode eine kontrollierte Beweidung der Heideflächen durch Schafe. Sie verbeißen Konkurrenzpflanzen und knabbern die schmackhaften zarten Spitzen der Besenheide ab. Dadurch wird eine gute Verzweigung angeregt. Da die Heide unbedingt einen kargen Boden benötigt, müssen die Schafe abends in einen Pferch getrieben werden, wo sie in Ruhe nach erfolgreicher Verdauung das tagsüber Gefutterte wieder auskoten können. So wird eine schädliche Düngung der Heideflächen vermieden.

Blühende Besenheide *(Calluna vulgaris)*.

Die „echte" Syltrose, die Bibernellrose *(Rosa pimpinellifolia repens)*.

Schwarze Krähenbeere *(Empetrum nigrum)* und die Bartflechte Isländisch Moos *(Cetraria islandica)*, ein Heilkraut bewährt bei Husten.

Braderuper Heide, hier darf man rasten!

Am nördlichen Ortsrand
von Braderup beginnt die Heide

Sylter Häfen

Auf der doch vergleichsweise kleinflächigen Insel Sylt gibt es tatsächlich vier Häfen, nämlich in List, Hörnum, Rantum und in Munkmarsch. Als Sylt sich langsam immer mehr zu einer Urlaubsinsel mauserte, war sicherlich seinerzeit der Munkmarscher Hafen bei den Feriengästen am bekanntesten. Heute befindet sich hier nur noch ein hübscher privater Yachthafen. Bis 1927 aber, dem Termin der Fertigstellung des Hindenburgdamms, war dies der Hafen, über den Sylter Kurgäste ihren Urlaubsort, das neu gegründete Seebad Westerland, erreichten. Mit der Kutsche wurden sie von dort ins Landesinnere transportiert, nachdem sie zuvor vom Festland, von Hoyerschleuse aus, per Schiff den Munkmarscher Hafen erreicht hatten. Heute kann man den beschaulichen Hafenbetrieb bei einer Tasse Kaffee und einem leckeren Stück Kuchen entspannt genießen, wenn man sich in Nähe des Wassers auf der Restaurant-Terrasse des exklusiven Fährhaus-Hotels zum Beispiel nach einer Wanderung für eine Weile ausruht.

Der heutzutage bei Touristen bestimmt bekannteste Hafen befindet sich in List an der Nordspitze der Insel. Hier wimmelt es von Menschen, die in den wenigsten Fällen des Hafenbetriebs wegen gekommen sind. Sie sind hier wegen der berühmten Fischlokale. Dahinter steckt ursächlich ein Mann namens Jürgen Gosch, den gute Bekannte und Freunde

Ein großes Zweimaster-Segelschiff hat in Hörnum angelegt.

immer noch „Jünne" nennen. Als ursprünglich gelernter Maurer hat er es geschafft, ein inzwischen deutschlandweites Fischimperium aufzubauen. Ältere Gäste erinnern sich noch daran, wie er begann, nämlich indem er mit einem Bauchladen über den Strand lief und erfolgreich geräucherte Aale mit lustigen Sprüchen an hungrige Gäste verkaufte. In Folge gründete er wenig später seine legendäre „Nördlichste Fischbude Deutschlands" am Lister Hafen. Auch hier drängelten sich die Touristen, versprach er doch allen, die keinen Fisch mögen, sie könnten stattdessen bei ihm auch ein Marmeladenbrot bekommen. Irgendwann begann unter seiner Tatkraft die Umgestaltung des Lister Hafens, wo seine ersten richtigen Lokale etabliert wurden. Heute findet man Gosch auf der ganzen Insel und überall am Festland, wo er im übrigen auch eine eigene Fischfabrik besitzt. Bei all diesem Erfolg blieb „Jünne" immer ein Mensch zum Anfassen. Tagtäglich begrüßt er seine Gäste persönlich und herzlich in seiner urigen Bootshalle.

Aber vom Lister Hafen werden auch gerne kleine Ausflugsfahrten mit Schiffen unternommen, die ins Wattenmeer zu den Seehundsbänken fahren. Kinder dürfen auf einem Piratenschiff eine vergnügliche Bootsfahrt erleben. Zudem landet etwas seitlich vom eigentlichen Hafenbecken die Rømø-Sylt-Linie, eine Autofähre, über die man von Sylt aus das

Welcher Syltliebhaber kennt es nicht: Gosch am Lister Hafen.

Festland erreichen kann. Sie ist damit eine echte Alternative zum Autozug.

Ganz am entgegengesetzten Ende der Insel, an der Südspitze in Hörnum, befindet sich ein weiterer Hafen, von dem aus sich Gäste gerne nach Föhr, Amrum oder auch Helgoland schippern lassen. Wenn man Glück hat, taucht dort plötzlich an der vorderen Ecke des Hafenbeckens der Kopf einer zutraulichen Kegelrobbe auf. Es handelt sich dabei um „Willi", einem immer hungrigen Gast, der dort seit 1991 regelmäßig seine Aufwartung macht. Von begeisterten Touristen wird er emsig mit Heringen gefüttert, welche man natürlich extra für den Nimmersatt in einer Bude kaufen kann. Inzwischen weiß man, dass Willi eigentlich eine Wilhelmine ist, aber das irritiert wirklich niemanden. Man fürchte nur – so wird gerne gescherzt – dass Willi eines Tages wegen seiner zunehmenden Leibesfülle nicht mehr in die Hafeneinfahrt passen könnte.

Vom Hafen aus kann man die Südspitze , die sogenannte Hörnum-Odde, am Strand entlang umwandern. Vorbei am Hörnumer Leuchtturm braucht man heute etwa eine dreiviertel Stunde, bis man weiter nördlich den Hörnumer Strandübergang erreicht hat. Noch in den 1960iger Jahren dauerte dieser Spaziergang fast zwei Stunden. Doch nirgendwo nagt das Meer so massiv an der Insel wie gerade hier am Strand von Hörnum. Dort, wo an der Spitze der Odde offene See und Wattenmeer aufeinander prallen, sind kräftige Strudel im Wasser erkennbar. In diesem Bereich herrscht natürlich strenges Badeverbot. Alle bisherigen Maßnahmen, den Sandverlust hier vor Hörnum auszubremsen, schlugen in der Vergangenheit fehl. Das Meer ist einfach unberechenbar. Gewaltige Tetrapoden aus Beton, von denen man sich vormals Hilfe versprach, haben leider das Gegenteil bewirkt und den Sandverlust sogar noch verstärkt. Man kann diese Betonmonster, aufgetürmt und ins Wasser ragend, an der Flutkante erkennen. Das einzige, was den Sandverlust ein wenig ausbremst, sind wiederholte Sandvorspülungen, die das zurückbringen, was das Meer zuvor genommen hat.

Der vierte und jüngste Hafen liegt an der Ostseite von Rantum. Von Norden kommend, kurz vor Rantum durch Schilder geleitet, vermag man, diesen beschaulichen Platz zu erreichen. Ursprünglich wurde der Hafen 1977 für Fischerboote angelegt, ist aber heute nur noch ein kleiner, idyllischer Yachthafen. Von dort kann man auf einem Deich entlang das Vogelparadies Rantumbecken zu Fuß oder per Fahrrad umrunden. Wer mag, erreicht am Ende Keitum, oder man kehrt auf halber Strecke wieder um und stärkt sich am Hafen in der kleinen Imbissbude neben dem Parkplatz.

Blick auf den Munkmarscher Yachthafen.

FLYING
CRUISER

Der kleine, idyllische Sporthafen in Rantum.

Das dörfliche Sylt

Bevor Kurgäste die Insel Sylt für sich entdeckten, war das Leben dort ein mühsames und karges Dasein. Die damals noch unbewachsenen Dünen der sturmgeplagten Westseite eigneten sich kaum für landwirtschaftliche Tätigkeiten. Dafür musste man sich in den Osten begeben, dort wo sich heute noch die alten Inseldörfer Keitum, Archsum und Morsum befinden. Hier wurden Felder bestellt und Nutztiere gehalten. Dennoch waren die Erträge oft sehr dürftig. Also fuhren die Männer mit ihren Schiffen hinaus in die Nordsee zum ertragreicheren Heringsfang. Etwa um die Mitte des 17. Jahrhunderts begannen sie, auf Walfangschiffen anzuheuern und waren dabei außerordentlich erfolgreich. Damit kam langsam etwas Wohlstand auf die Insel. Viele Kapitäne bauten ihre oft prächtigen Häuser in Keitum. Darum wird dieser Ort auch das Kapitänsdorf genannt. Das Bestellen der Felder und die Pflege der Nutztiere oblag in diesen Zeiten größtenteils den Frauen. Noch heute ist es so, dass im Osten von Sylt Landwirtschaft betrieben wird. So schwärmen Gäste nicht selten von den besonders schmackhaften Morsumer Kartoffeln, die sie darum auch gerne mit nach Hause nehmen.

Es lohnt sich, die genannten drei östlichen Ortschaften von Zeit zu Zeit zu besichtigen. Besonders Keitum, dieses hübsche Friesendorf mit seinen wunderschönen alten Häusern,

Ein Reetschneider.

sollte eigentlich in jedem Urlaub wenigstens einmal angesteuert werden. Am besten stellt man dabei, von Westerland kommend, sein Auto auf dem großen Parkplatz am Orteingang ab und bummelt anschließend gemächlich durch die Straßen. Es gibt dort viel zu sehen, und außerdem befinden sich hier gemütliche Lokale mit leckeren, selbstgebackenen Kuchen. Der Autoverkehr hält sich in Keitum zum Glück in Grenzen, weil es im Ort inzwischen keine Durchgangsstraße mehr gibt.

Die alten Friesenhäuser in Keitum sind zum größten Teil sehr gut erhalten. Anheimelnd ducken sie sich unter mächtigen Reetdächern. Reet, das heute die sicher teuerste Dacheindeckung ist, war früher auf der Insel an vielen Stellen reichlich vorhanden und bot sich daher für die Insulaner als billiges Dachmaterial an. Leider waren und sind diese Dächer aber auch sehr brandgefährdet. Einmal entzündet, kann die Feuerwehr im Notfall meist nur noch versuchen zu verhindern, dass das Feuer auf andere Dächer übergreift. Typisch für Friesenhäuser ist daher auch der Spitzgiebel über dem Eingangsbereich. Dieser traditionelle Bauteil entstand vor einem sehr praktischen Hintergrund. Im Brandfall konnten dadurch die Bewohner ihre Häuser noch unbeschadet verlassen, weil das brennende Reet nicht direkt über ihren Köpfen, sondern beidseitig der Eingangstür zu Boden rutschte und der Türbereich somit von den Flammen verschont blieb. Die historischen Friesenhäuser hatten auch alle keine Dachgauben. Wie eine einfache, überdimensionale Mütze lag das Reetdach über dem Ziegelhaus und trotzte so den häufig aggressiven Stürmen. Anders als heute die meisten modernen, mit Reet eingedeckten Ferienhäuser im sogenannten exklusiven „Friesenstil" waren deren alte Vorbilder alle – wiederum wegen des rauen Inselwetters – nur eingeschossig gebaut.

Reet im Abendlicht am Watt nahe Rantum.

Keitumer Kapitänshaus von 1786.

Friesenwälle

Die meisten Häuser im Inselosten sind traditionell mit Steinwällen umfriedet. Aufgebaut aus großen und kleinen Findlingen, sind sie typisch für ganz Norddeutschland. Die teils riesigen runden Steine wurden vor Tausenden von Jahren von den gewaltigen Eiszeitgletschern vor sich her geschoben. Praktischerweise verbaute man sie im ganzen Norden als Begrenzungen rund um die eigenen Grundstücke. Während man sie am Festland inzwischen doch seltener sieht, findet man diese Friesenwälle auf Sylt noch an vielen Stellen, besonders häufig aber in den östlichen Inseldörfern. In den Steinfugen und oben auf den Wällen pflegt es meist üppig zu blühen. Manchmal ist es eine Spontanvegetation, häufiger aber sind es liebevolle Bepflanzungen, die sich dort präsentieren.

Natur pur! – Schöner geht es kaum!

Kunsthandwerk

Besonders zahlreich in Keitum, aber auch an einigen Stellen in Morsum bieten Kunsthandwerker selbst gefertigte Waren feil. Mehrfach gibt es dort Töpfereien, die oft außergewöhnlich originelle Tonwaren in ihrem Sortiment haben. Daneben findet man Goldschmiede und Glasbläser oder auch Weberinnen, die noch fleißig ihrem Gewerke nachgehen. Es lohnt sich, diese tradionellen Handwerker aufzustöbern.

Töpfereien gibt es auf Sylt besonders häufig.

Weidetiere

Es gibt nicht nur Schafe auf Sylt! Bewegt man sich in den Osten der Insel, so wird man schon bald auch andere Weidetiere sehen. Sylt wird hier deutlich ländlicher. So tauchen auf den Wiesen jetzt vermehrt stämmige, kurzbeinige und hornlose Rinder mit einem lockig-plüschigen Fell in unterschiedlichen Farben von hellcreme bis braun auf. Es handelt sich dabei um schottische Hochlandrinder, die Galloways. Auf einigen Weiden, so auch am Fuß des Kampener Leuchtturms, grast eine besonders originelle Rasse dieser Rinder, die „belted Galloways". Es sind schwarze, etwas kräftigere Tiere mit einem markanten weißen Gürtel (engl. = belt) um den gesamten Rumpf.

Galloways gelten insgesamt als sehr friedfertig und widerstandsfähig. Sie können daher ganzjährig im Freien auf der Weide gehalten werden. Dort dürfen sie oft auch kalben, denn der Fachmann weiß von dieser Rinderrasse, dass sie, wie er es nennt, „leichtkalbig" ist. Selten muss der Mensch bei einer Geburt helfend eingreifen. Wenn man großes Glück hat, darf man von der Straße aus gelegentlich die Geburt eines Kälbchens miterleben. Kaum ein Autofahrer, der bei einem solchen besonderen Ereignis nicht anhält und das Handy zückt. Diese genügsamen Rinder werden wegen ihres sehr wohlschmeckenden Fleisches gehalten. Von der hervorragenden

Hier ist jemand neugierig.

Fleischqualität kann man sich selbst überzeugen, wenn man die Keitumer Landschlachterei in ihrem eigenen Verkaufsladen besucht. Dies Geschäft befindet sich links an der Landstraße, die Richtung Archsum führt. Gegenüber liegt der Keitumer Bahnhof. Es sei verraten, hier wird auch wunderbares Lammfleisch von den Salzwiesenschafen angeboten.

Nicht nur die Galloways, sondern auch zahlreiche Pferde grasen auf den Weiden. Meist sind es Tiere von den umliegenden Reiterhöfen, wo auch Gäste sich zum Reiten anmelden können. Gelegentlich wird man in der Nähe der Bauernhöfe auch urwüchsig stämmige Arbeits- und Zugpferde sehen. So werden auf Sylt zum Beispiel Kutschfahrten mit diesen gemütlichen Tieren angeboten. Ein Vergnügen der besonderen Art ist es, wenn man in den engen Keitumer Gassen gezwungenermaßen minutenlang mit dem Auto hinter einem solchen mit feixenden Touristen beladenen Fuhrwerk hinterher bummeln muss. Hier lernt man sich in Geduld üben. Aber wofür hat man schließlich Urlaub!

Entzückend: Hier wurde jemand für die Weide südöstlich von Kampen ausgehfein gemacht.

Alte Kirchen

Kaum etwas zeugt besser von der Historie eines Ortes als alte, gut erhaltene Kirchen. In nichts wurde früher mehr investiert als in sakrale Gebäude. Es lohnt sich daher unbedingt, gerade auf Sylt, einmal die alten Gotteshäuser aufzusuchen und auch zu betreten. Nirgendwo kann man sich so hautnah in die friesische Lebensart hineinfühlen. Dort spürt man den Glauben einer vormals überwiegend karg lebenden Bevölkerung. Nichts erinnert hier an den heutigen luxuriösen Lebensstil der Touristenhochburg Sylt. Anders als in den oft grandiosen, prächtig geschmückten Kirchenbauten des Festlandes sind die Kirchen hier im hohen Norden Deutschlands viel bescheidener gestaltet. Wenn man sich dort einfach mal eine Weile schweigend in eine Bankreihe setzt und dabei nicht selten ganz alleine im Raum ist, dann spürt man unwillkürlich eine innere Ruhe einkehren. In Wenningstedt, in der Friesenkapelle am dortigen Dorfteich, wird man in dieser friedlichen Atmosphäre auf zwei seitlichen Brüstungen das Vaterunser in friesischer Sprache lesen können. Wen wundert's, dass in dieser schönen, schlichten Kirche gerne geheiratet wird.

Etwas ganz Besonderes ist die bekannteste Inselkirche St. Severin in Keitum. Hier haben wir es tatsächlich mit dem ältesten Gotteshaus Schleswig Holsteins zu tun. Auf Grund der Befunde am alten Dachstuhl dieser Kirche

Wenningstedt, Kirchenschiff der Friesenkapelle.

konnten Fachleute deren Entstehung auf das Jahr 1195 festlegen. Erst 1450 wurde der heute noch weithin sichtbare mächtige Kirchturm von St. Severin nachträglich errichtet. Für Urlauber lohnt es sich, dort einmal eines der in regelmäßigen Abständen stattfindenden Orgelkonzerte zu besuchen. Dank zahlreicher – dabei natürlich auch vieler auswärtiger Sponsoren – konnte sich Keitum nämlich vor einigen Jahren eine ausgezeichnete neue Orgel leisten.

In früherer Zeit war es übrigens durchaus nicht unüblich, eine Kirche zunächst einmal ohne Turm zu bauen. Ein besonders originelles Beispiel ist die St.-Martin-Kirche in Morsum, welche im 13. Jahrhundert erstellt wurde. Auch hier war man damals offenbar knapp bei Kasse, und so wurde ganz einfach für die Aufhängung der Glocken ein niedriges, turmähnliches Holzgerüst, ein sogenannter Glockenturm, neben dem sakralen Steinbau errichtet. An dieser Situation hat man nie etwas geändert, so dass wir noch heute die historisch ursprüngliche Gegebenheit erkennen können.

Die vierte im Bunde der alten Sylter Kirchen ist St. Niels in Westerland, welche etwas abseits gelegen den wenigsten Gästen der Insel bekannt sein dürfte. Sie wurde viel später, nämlich erst 1637 geweiht.

Keitum, St.-Severin-Kirche
mit Friedhof im Winter.

Wenningstedt, Friesenkapelle am Dorfteich.

Morsum, St.-Martin-Kirche.

Keitum, St. Severin mit blühender Frühlingswiese.

Morsumer Friedhof mit dem hölzernen Glockenturm der St.-Martin-Kirche.

JACOBS
Otto Laabs
LIEBE

Der Keitumer Friedhof

Der interessanteste und daher unbedingt sehenswerte Friedhof der Insel Sylt befindet sich – wie könnte es anders sein – bei der Keitumer Kirche. Hier wurden nicht nur die reichen Sylter Kapitäne mit ihren Angehörigen beerdigt, sondern auch berühmte Familien, wie die allseits bekannten Lassens, beigesetzt. Auch Prominenz vom Festland wie Rudolf Augstein oder Peter Suhrkamp fanden hier ihre letzte Ruhestätte. Sehenswert auf diesem Friedhof ist auch eine große Sammlung sogenannter „sprechender Steine". So bezeichnet man die reich beschrifteten alten Grabmale, die detailliert Auskunft geben über Keitumer Bürger, über Kapitäne und über Lebensgeschichten und Schicksalsschläge. Mitten auf dem Friedhof findet man viele solcher Grabsteinplatten gereinigt und in Reihe aufgestellt.

Vor der Kirche befindet sich diese beeindruckende Skulptur

Das alte Friesenhaus der Familie Teunis steht noch heute in Wenningstedt am Dorfteich.

Die Grabstätte der alten Sylter Familie Teunis ist auf dem Keitumer Friedhof.

Sylt im Winter

„Wie ist es eigentlich auf der Insel im Winter?" Diese Frage stellen Urlauber gerne im Sommer, und darauf gibt es nur eine Antwort, und die lautet: „Ganz anders, aber wunderschön!"

Außer an den paar Tagen zwischen Weihnachten und Neujahr ist die Insel sehr leer, aber eben nicht ganz leer. Es treffen sich in dieser Zeit gleichgesinnte Gäste, die jetzt gar nicht genug von der besonders deutlich sichtbaren Weite der Insel bekommen können, die das eigene Licht des Winters lieben und die Stille genießen möchten. Warm und windfest sollte man angezogen sein, und dann aber nichts wie raus an die frische Luft, an den Strand, ans Watt oder auch hin und wieder in ein kuschelig warmes Lokal, wo der Tee oder der Cappuccino in dieser Zeit so gut schmeckt wie sonst nie.

Manchmal, aber beileibe nicht jedes Jahr, hat man das große Glück, eine verschneite Insel zu erleben. Wenn es aber mal der Fall ist, dann kommt es fast einem Sechser im Lotto gleich, denn es gibt kaum etwas Schöneres! Alles ist weiß, die alten reetgedeckten Häuser scheinen sich unter der Schneehaube zu ducken. Märchenlandschaften präsentieren sich. Die dicken Hagebutten der Kamtschatka Rose blitzen auffallend rot aus der Schneedecke hervor. Ein ganz besonderes Schauspiel aber bietet das

Meer. Ist es kalt genug, friert das Watt zu, und auch am Strand stapeln sich die Eisschollen. In der Sonne glitzern die Eisflächen in allen Regenbogenfarben. Dank der wechselnden Gezeiten werden Eisberge zusammengeschoben und bauen sich zu Türmen auf. Alles sieht aus wie ein einziges Wunderland. Es ist ein Geschenk des Himmels, diesen Anblick genießen zu dürfen. Aber Vorsicht ist geboten auf den Gehwegen und Straßen. Weil es so ein seltenes Schauspiel ist, haben die Sylter nie richtig gelernt, Schnee zu schippen oder Eis abzustreuen!

Die Weihnachtszeit ist also immer ein besonderes Erlebnis auf der Insel. Am besten lässt sie sich genießen, bevor der Urlaubstrubel, meist am zweiten Weihnachtstag beginnend, die Insel bis ins neue Jahr vollstopft. Grundsätzlich aber ist stets in dieser Zeit eine wunderbar festliche Atmosphäre auf Sylt. Die am Festland nicht selten gerne etwas kitschig wirkende Illumination der Häuser wirkt hier irgendwie anders, ja total passend zu dem festlichen Anlass! Nirgendwo sehen die Lichterketten so heimelig aus wie an den alten Friesenhäusern. Alles erscheint geschmackvoll dekoriert. Das ist wahrlich Weihnachten pur, fast so, wie man es von den Illustrationen der Märchenbücher kennt.

Ein besonderes Highlight in dieser Jahreszeit ist immer wieder der Adventsmarkt der Gärtnerei Harms, welcher sich, kaum zu übersehen, in den Wiesen an der Landstraße nach Archsum etwa auf Höhe des Keitumer Bahnhofs befindet. Jedes Jahr wieder warten dort die tüchtigen Floristinnen mit neuen kreativen Überraschungen auf. Es ist ein Muss, dort hinzugehen!

Frostig, aber schön!

Durch die gewaltigen Unterkieferknochen eines Finnwals betritt man das Areal des Sylter Heimatmuseum (ein Kapitänshaus von 1759).

Harhoog, diese Steinkammer (ca. 3000 v. Chr.) eines Hünengrabes, findet man in Wattnähe am östlichen Ende von Keitum. Sie lag ursprünglich unter einem Erdhügel nahe Tinnum.

Das bekannte Kampener „Gogärtchen“ in festlicher Weihnachtsbeleuchtung.

Weg von der Keitumer Kirche hinunter zum Watt.

Frühling auf der Insel

Im zeitigen Frühjahr ist es mit Ausnahme der Osterferien zumeist noch recht leer auf der Insel. Dabei sollte man hier etwas ganz Besonderes nicht versäumen, nämlich den überaus reizvollen Aufbruch der Natur. Während es am Festland noch weitestgehend winterlich ist, läuten hier an vielen Stellen traumhafte Blütenteppiche den Vorfrühling ein. „Gewähren lassen!“ lautet dabei das Motto, denn nur so vermögen Zwiebelpflanzen sich auszubreiten. Insbesondere der dörfliche Sylter Inselosten lockt zum Spazierengehen. Hier haben wir noch die alten Gärten um Friesenhäuser herum – mögen sie dort bitte erhalten bleiben –, wo sich über Jahrzehnte eine prächtige Blütenlandschaft in Ruhe entwickeln durfte.

Wegen der im Winter auf den nordfriesischen Inseln vergleichsweise milden Temperaturen haben oft schon sehr früh die Schneeglöckchen ihren Auftritt. Wenig später gesellen sich die frühen Krokusse dazu. Besonders bei Sonnenschein, wenn deren Blüten sich in Erwartung ihrer Bestäuber öffnen, sieht man an vielen Stellen große fliederfarbene Wiesen, an denen keiner unbeeindruckt vorbeigehen kann. Kurz darauf kommt die blaue Konkurrenz und stiehlt allen anderen Blumen die Schau: Es sind die Scillas und der Schneestolz Chionodoxa, welche ihre Glöckchen entfalten. Oft passend zur Osterzeit haben auch die gelben Narzissen ihren großen Auftritt. Hier und dort in kleinen Ansammlungen und anderweitig in üppiger Fülle sorgen sie für Furore. Parallel dazu treiben die Weidenkätzchen aus, und die Zaubernuss hüllt sich in eine gelbe Wolke. Auch wenn Keitum in puncto Frühlingsblühen den Vogel abschießt, lohnt es sich dennoch auch mal, in Archsum und Morsum auf Frühlingspirsch zu gehen.

Osterglocken am Keitumer Watt.

Allenthalben leuchten
bunte Krokuswiesen

Überall auf der Insel gibt es Osterglocken, Schneeglöckchen, Krokusse und Scillas.

Der Ellenbogen

Der nördlichste Teil der Insel Sylt, welcher nach seiner hakenförmigen Form Ellenbogen genannt wird, gilt bei Eingeweihten als wohl schönste Seite der Insel. Dennoch wird man dort zum Glück nicht auf Menschenmassen treffen, eher das Gegenteil ist der Fall. Das dem so ist, mag zum Teil daran liegen, weil das Befahren der dortigen Straße, einer buckeligen Betonpiste, die im Verbund mit den Radfahrern zum langsamen Fahren zwingt, Mautgebühren kostet. Das gesamte Ellenbogenareal ist nämlich im Privatbesitz einer Familie Diedrichsen.

Der Ellenbogen ist ein Dünenareal, auf dem sich zwei Leuchttürme befinden. Ein Großteil des Geländes steht unter Naturschutz. Baden ist hier verboten, weil es bei der exponierten besonderen Lage der Küste überall kritische Unterströmungen gibt. Geradezu lebensgefährlich ist es, an der nördlichen Krümmung des Ellenbogens ins Wasser zu gehen. Hier kann man sogar sehr deutlich die riskanten Strudelfelder erkennen.

Aber der Ellenbogen bietet als Entschädigung für die entgehenden Badefreuden ein

Königshafen bei Ebbe mit einem einzelnen Kitesurfer.

Naturerlebnis pur. Nicht umsonst steht ein Großteil seiner Fläche unter Naturschutz. Kein Strandkorb stört die Idylle. An der Flutkante findet man reichlich Strandgut. Zudem tummeln sich in diesem ausgewiesenen Vogelschutzgebiet viele verschiedene Vogelarten. Große Fischschwärme an der Nordspitze locken oft zahlreiche Möwen an.

Der Ellenbogen umgreift zusammen mit dem gegenüberliegenden Mövenbergdeich des Listlandes den Königshafen. In einem begrenzten Areal ist dort Wind- und Kitesurfen erlaubt. Bevor das gestattet wurde, hat es natürlich lange Diskussionen mit den Naturschutzverbänden gegeben. Die Wassersportler dürfen daher die ihnen gesteckten Grenzen auf gar keinen Fall überschreiten, befindet sich doch in unmittelbarer Nachbarschaft die Vogelschutzinsel Uthörn, wo auch Robben gerne rasten. Uthörn darf daher natürlich auch nicht betreten werden. Jeder Besucher des Ellenbogens sollte sich also respektvoll in dieser Region verhalten und es einfach genießen, dass es auf Sylt so ein besonderes Fleckchen Erde gibt.

Der Ellenbogen –
Natur pur!

Fischschwärme an der Ellenbogenspitze locken Möwen an.

Einsame Strände.

„Wattwanderer“ am Ellenbogen.

Ellenbogenspitze mit dem
Leuchtturm List West

In dieser Sandkuhle
kann man's aushalten!

Hier ist das Baden lebensgefährlich! Das große Schild warnt vor riskanten Tiefenströmungen.

Das Nösse-Kliff

Auf Sylt gibt es ein landschaftliches Kleinod, welches zugleich eine außerordentlich interessante geologische Besonderheit darstellt. Versehen mit dem Prädikat „Nationales Geotop“ steht es heute unter strengstem Naturschutz. Dennoch scheinen viele Urlauber davon kaum Kenntnis zu haben, denn nur so erklärt sich, dass man sich an diesem Ort eigentlich nie in Menschenmassen bewegt. Darum kann man die sich hier präsentierende Landschaft auch in aller Ruhe genießen. Für alle Unkundigen soll es trotzdem verraten werden, worum es sich handelt. Es ist das Nösse-Kliff, gelegentlich auch Morsum Kliff genannt. Nösse, das friesische Wort bedeutet Landzunge, und folgerichtig benennt es in diesem Fall den östlichen Zipfel der Insel, dort wo der Autozug Sylt erreicht.

Es wurden ja schon andere Sylter Steilküsten erwähnt, wie zum Beispiel das Rote Kliff von Kampen und das Weiße Kliff von Braderup. Hier nun gesellt sich ein Buntes Kliff dazu, und das hat einen spannenden geologischen Hintergrund. In der Eiszeit haben an dieser Stelle die gewaltigen wandernden Gletschermassen drei aus verschiedenen Erdzeitaltern stammende, ursprünglich übereinander liegende Schichten derart verschoben, dass sie dadurch in einer vertikalen Position an die Oberfläche gepresst wurden. Gestaffelt sieht man sie hier nun nebeneinander aufgereiht: Da

Das Nösse-Kliff.

ist die älteste Schicht, der schwärzliche Glimmerton, daneben der eisenhaltige rötlichbraune Limonitsandstein und dann der weißliche Kaolinsandstein. Es schüttelt einen jeden heute bei dem Gedanken, dass seinerzeit beim Bau des Hindenburgdamms ernsthaft erwogen wurde, das Kliff als Baumaterial abzutragen. Zum Glück formierten sich damals Sylter Naturschützer, die dies zu verhindern wussten. Noch heute gibt es diesen sehr engagierten Heimatverein Sölring Foriining, der schon manchen Inselfrevel vereiteln konnte und es auch hoffentlich weiterhin erfolgreich tun wird.

Heute werden die Besucher des Nösse-Geländes auf fest definierten Wegen geleitet. So führt ein Pfad von dem zentralen Parkplatz aus nach links durch die Heide auf den Gipfel des Kliffs, wo sich eine Aussichtsplattform mit erklärenden Tafeln befindet. Geht man den etwas breiteren Weg rechts jenseits der Heide Richtung Watt, dann erreicht man dabei den Fuß der Steilküste. Zwischen Bäumen und Sträuchern verborgen, lässt sich übr gens an der rechten Wegseite ein idyllisch gelegener Angelteich entdecken. Von unten betrachtet, erscheint das Kliff dann fast ein wenig wie eine Mondlandschaft.

Ein kleiner Tipp noch: Für den Ausflug zur Nösse sollte man sich tunlichst einen relativ windstillen Tag aussuchen, denn an dieser Landzunge bläst es immer mächtig um die Ecken.

Kliffabbrüche vom
Limonitsandstein.

Kliffkante mit Limonitsandstein.

Watt am Nösse-Kliff.

Der versteckte Angelteich.

Landschaftspfleger!

Das Nösse-Kliff
am Wattenmeer.

Kampen

Allein schon der Name Kampen weckt bei vielen Assoziationen von „reich, schön und Luxus". Ganz falsch ist diese Vorstellung nicht, denn seit Gunter Sachs in den frühen 1970er Jahren mit seinem Gefolge die Insel und dabei vor allem Kampen für sich entdeckte, verwandelte sich dieser Ort zunehmend in Richtung auf sein heutiges Image. Ganz früher war Kampen nur ein kleines Dörfchen mitten in der Heide, wo die Bevölkerung bescheiden von der Landwirtschaft lebte. Auf den ersten Blick dominieren heute teure Boutiquen und Lokale mit bekannten Namen die Ortschaft an der Hauptstraße und an einer Seitenstraße, der sogenannten „Whiskymeile". So wird Kampen dann auch von den meisten Urlaubern wahrgenommen, die nur selten nach rechts in den eigentlichen Wohnort hineingehen. Aber dies zu tun, lohnt sich allemal. In Kampen haben viele vermögende Menschen ihren Traum vom großen Ferienhaus verwirklicht. Das gesamte Ortsbild profitiert davon, dass die allermeisten Häuser – seit geraumer Zeit sogar verpflichtend – ein Reetdach besitzen. Diese Vorschrift führt zu einem angenehm einheitlichen Ortsbild. Das Gros der Gebäude wird von Gärten umgeben, die regelmäßig professionell gepflegt werden. Fast überall kann man Pflanzenschnittkunst in Perfektion bewundern. Vieles erinnert dadurch fast ein wenig an

Weg vom Watt nach Kampen.

japanische Gartenkultur, womit es natürlich ein etwas ungewohnter Anblick für eine friesische Insel ist.

Eine Besonderheit im Ortskern ist der Avenarius-Park. Er wurde benannt nach Ferdinand Avenarius, einem Berliner, der sich sehr für den Naturschutz stark gemacht hatte und dafür zum ersten Ehrenbürger Kampens ernannt wurde. Erstaunlich, dass sich nur wenige in den Park hinein verirren, der recht weitläufig und dabei absolut sehenswert ist. Man kann das Gelände von verschiedenen Seiten aus betreten. Am originellsten ist der Eingang, über den man eine richtige kleine Allee betritt, die beidseitig mit unterschiedlichsten heimischen Obstbäumen bepflanzt ist. Naschen ist hier erlaubt, nur meistens werden die unteren Früchte schon immer sehr früh unreif gepflückt. Im Zentrum des Parks befindet sich ein hübsch angelegter Teich. Etwas abseits gibt es eine recht große Anlage für Freunde des Boule-Sports.

Unbedingt Erwähnung finden muss das wohl bekannteste Sylter Café, die schon fast legendäre Kupferkanne. Nahe der Wattseite gelegen, umgibt ein parkähnliches Gelände das sehr flach geduckte eigentliche Gebäude. Ursprünglich war dies eine Bunkeranlage.

Davon zeugen noch heute die verwinkelt miteinander verbundenen Räume im Inneren des Cafés. Man kann sich hier schon fast verlaufen. Auf der Speisenkarte des Lokals kann man detailliert die Historie der Kupferkanne nachlesen. Das schönste aber ist der Kaffeegarten. Richtig idyllisch sitzt man dort zwischen beschnittenen Kiefern und kann sich auf den delikaten Kuchen freuen. Die Kupferkanne hat eine eigene Kaffeerösterei sowie eine Bäckerei, und deren Produkte darf man in der schönen Umgebung genießen.

In diesem Kaffeegarten gibt es etliche merkwürdige „Bäume", die eine Geschichte haben. Am 3. Dezember 1999 fegte ein Orkan mit dem klangvollen Namen „Anatol" über die Insel. Überall, so auch auf Sylt, richtete er gewaltige Schäden an. Alte Kieferbestände rund um die Kupferkanne wurden samt ihrer Wurzelballen umgeworfen. Aber die Inhaber machten aus der Not eine Tugend. Etliche der Kiefern wurden unterhalb der Baumkrone gekappt und dann Kopf über im Kaffeegarten an verschiedenen Stellen einbetoniert. Der von Erde befreite Wurzelballen ahmte nun eine Baumkrone nach. Bepflanzt mit wildem Wein und Efeu haben sich diese Pseudobäume inzwischen begrünt und lassen den Ursprung ihrer Entstehung kaum noch erkennen.

Hier passen die Galloway-Kühe zum Kampener Leuchtturm.

Avenarius-Park.

Ein typischer Kampener Garten mit rundum beschnittenen Gehölzen.

Der Kampener Leuchtturm.

Weg von der Kupferkanne zum Watt.

Kampen eingebettet in der Natur.

Kampener Vogelkoje

Fährt man von Kampen aus Richtung List, passiert man schon bald rechts gegenüber vom Klappholttal einen kleinen Parkplatz mit dem Hinweisschild auf ein Restaurant, genannt Vogelkoje. Ein schöner Name für ein gutes und gemütliches Lokal. Oft aber wird man dabei übersehen, dass sich genau hier eine wahre Vogelkoje befindet, welche früher – anders als der Name vermuten lässt – ganz und gar nicht gemütlich war. Dort wurden nämlich bis 1921 in zeitweise gewaltigen Mengen auf hinterlistige Art und Weise Wildenten gefangen und anschließend „geringelt", das heißt: ihnen wurde vom Kojenwärter der Hals umgedreht. Aus diesem früheren Ort des Grauens hat man heute ein lehrreiches Naturschutzgebiet gemacht, für dessen Besichtigung nur ein kleiner Obolus zu entrichten ist. Die Besucher erfahren dort sehr anschaulich mehr über die Art und Weise des Vogelfangs, der nicht nur auf Sylt, sondern auch an vielen anderen Orten praktiziert wurde. Auf Sylt existierte im übrigen noch eine weitere Vogelkoje, und zwar bei Rantum.

Das Gelände der Kampener Vogelkoje hat man bewusst urwüchsig gelassen. Krüppelige, bemooste Bäume, dazu Flechten, diverse Farnarten und Miniaturbächlein geben den Besuchern das Gefühl, sich tatsächlich in

Kampen eingebettet in der Natur.

Der Entenfangteich.

einem Urwald zu befinden. Im Zentrum liegt der ehemalige Lockteich, von dem aus die Wildenten von zahmen Lockenten in sogenannte Pfeifen und damit abschließend in Reusen geschleust wurden. Ein Stück Inselgeschichte wird hier meisterhaft präsentiert.

„Ein Urwald“.

Die Entenfanganlage.

Das Wäldchen

Wald ist auf friesischen Inseln, so auch auf Sylt, eine Rarität. Dennoch gibt es ihn auch hier an einigen wenigen Stellen. Am Festland wären diese kleinen Areale allerdings sicherlich kaum der Rede wert, aber hier nimmt man sie gerne zur Kenntnis. Das wohl größte Wäldchen befindet sich links der Landstraße zwischen Wenningstedt und Kampen. Es ist ein zauberhaftes Plätzchen, welches zu durchstreifen wahrlich richtig Freude bereitet. Wunderschön kühl ist es hier an heißen Tagen. Nicht selten sieht man fröhlich an den Bäumen herum – springende Eichhörnchen, die dabei neugierig nach den wenigen Besuchern schauen. Man findet dort eigentlich alles auf einem beschränken Raum, was man sonst von großen Wäldern kennt, nur wirkt es hier mehr wie deren Miniaturausgabe, wie eine niedliche Puppenstube. An den Stellen, wo die Sonne durch das Blätterdach der Bäume blitzt, blüht es bunt an den Wegesrändern. Man fühlt sich in diesem kleinen Wäldchen fast ein bisschen einsam, obwohl von den Seiten her durchaus Alltagsgeräusche von der benachbarten Straße zu hören sind. In Wenningstedt beginnt der Weg nahe bei dessen Campingplatz und endet, wie passend, neben dem Campingplatz von Kampen, dort wo die Uwe-Düne nicht weit ist. Es sei verraten, diese berühmte Düne, welche man über Holztreppen besteigen kann, ist tatsächlich grandiose 52 m über dem Meeresspiegel hoch. Reinhold Messner würde sich bei dieser Maßangabe sicherlich erschrecken!

Links im Bild die Uwe Düne.

Der Wenningstedter Dorfteich

In Wenningstedt gibt es einen sehr romantischen, kleinen Süßwassersee, der allgemein Dorfteich genannt wird. Vormals bildete er das Zentrum der Ortschaft, um das sich damals die wenigen Häuser gruppierten, von denen sogar bis heute einige erhalten geblieben sind. Dazu gehört das Hüs bi Kiar, und „Kiar" war auf Friesisch eben dieser Teich! Dort wurde das Vieh getränkt und die Wäsche gewaschen. Jetzt sieht es natürlich anders aus. Urlauber drehen zur Entspannung gerne eine Runde um „ihren" Dorfteich, der längst nicht mehr im Zentrum des über die Jahre gewaltig gewachsenen Wenningstedt liegt. Er befindet sich nunmehr abseits der Hauptstraße. Nahe seines nördlichen Ufers steht die Wenningstedter Friesenkapelle. Hinter dieser Kirche wiederum liegt der berühmte Denghoog, ein steinzeitliches Hünengrab. Als einzigen der vielen Sylter Grabhügel hat man den Denghoog freigelegt, so dass man ihn sogar betreten kann.

Der Dorfteich aber wurde inzwischen von seinen ursprünglichen Eigentümern an die Gemeinde verkauft. Sie verpflichtet sich dafür, dieses Vogelparadies zu hegen und zu pflegen. Vor einigen Jahren hat man, in das Wasser hineinragend, einen hübschen hölzernen Brückensteg angelegt, wo Bänke die Besucher

zum Verweilen einladen. „Enten füttern" ist am Dorfteich allerdings aus gutem Grund verboten. Zu sehr wurde in der Vergangenheit vor allem im Sommer durch das übermäßige Füttern die Wasserqualität negativ beeinträchtigt.

Ein besonderes, weil doch sehr seltenes Ereignis ist es immer, wenn tatsächlich einmal im Winter der Dorfteich zufriert. Dann tummeln sich dort Menschenmassen auf dem Eis, und vor allem die Kinder schnallen begeistert ihre Schlittschuhe an.

Zwei Graugänse, die Dorfteichwächter.

Das alte Friesenhaus Hüs bi Kiar.

Winter am Dorfteich.

Tierpark Tinnum

Ein Muss für alle Familien mit Kindern, aber auch für Erwachsene ist ein Besuch des Tierparks in Tinnum. Es handelt sich dabei um einen privaten Zoo, gelegen mitten in den Wiesen, die südlich direkt an Tinnum grenzen, und er gehört einer Familie Christiansen. Sie hat dort ein richtiges kleines Paradies angelegt, das offensichtlich hervorragend und mit viel Liebe gepflegt wird. Nicht nur die vielen Tiere sind sehenswert, sondern das gesamte Gebiet ist zugleich so etwas wie ein großer Garten. Ganz ungewöhnlich für einen Zoo, gibt es dort dann auch eine beachtliche Anzahl von Obstbäumen. Daneben blühen Rosen, Stauden und viele prächtige Hortensien. Natürlich sucht man hier die klassischen Zootiere wie Elefanten, Giraffen, Löwen und Tiger vergebens. Stattdessen dominieren einheimische Tiere wie Hirsche, Esel und auch Pferde. Aber auch Alpakas und Meerschweinchen fühlen sich in diesem Tierpark sichtlich wohl. Daneben präsentiert sich eine artenreiche Vogelwelt. Der Besucher kann das etwa 30 000 Quadratmeter große Grundstück durchstreifen und dabei in Strandkörben und auf Bänken rasten. Kinder dürfen Futter, welches man am Eingang kaufen kann, an tierische Interessenten verteilen. Außerdem wurde für die kleinen Besucher ein sehr schöner Spielplatz eingerichtet. Ein besonderer Clou sind hübsch angelegte Teiche und Wasserstraßen, auf denen man sogar Tretboot fahren kann. Jung und alt können im Tierpark Tinnum also bestens entspannen!

Eine Trauerschwanfamilie.

Glückliche Meerschweinchen im großen Gehege.

Die Autorin

Angela Wöhrmann-Repenning, Diplom-Biologin, bis zu ihrem Ruhestand Hochschullehrerin für das Fach Zoologie an der Universität Kassel, wo sie noch heute Vorlesungen hält. Im Rahmen ihres ersten abgeschlossenen Lehramtsstudiums an der Universität Gießen hatte sie unter anderem das Fach Kunst belegt. Sie arbeitet nebenbei als freischaffende Künstlerin. Als begeisterte Gärtnerin hat sie sich auf die Garten- und Naturfotografie spezialisiert. Sie fotografiert für verschiedene Gartenzeitschriften, vorrangig in Zusammenarbeit mit dem Burda-Verlag.